Nye

Argraffiad cyntaf: 2022
© testun Manon Steffan Ros, 2022
© lluniau Valériane Leblond, 2022

Mae hawlfraint ar gynnwys y llyfr hwn ac mae'n anghyfreithlon i lungopïo neu atgynhyrchu unrhyw ran ohono trwy unrhyw ddull ac at unrhyw bwrpas (ar wahân i adolygu) heb gytundeb ysgrifenedig y cyhoeddwr ymlaen llaw.

Cynhyrchwyd y gyfrol hon gyda chymorth ariannol Cyngor Llyfrau Cymru.

Rhif llyfr rhyngwladol:
978-1-914303-16-6

Cyhoeddwyd yng Nghymru gan Lyfrau Broga, Yr Eglwys Newydd

www.broga.cymru

Nye

Bywyd Angerddol Aneurin Bevan

Geiriau gan Manon Steffan Ros
Lluniau gan Valériane Leblond

Tref arbennig oedd Tredegar yn 1897.

Roedd y pyllau glo'n brysur a'r gymuned yn fywiog, gyda chorau, cymdeithasau a chapeli'n bobologaidd iawn.

Mewn tŷ bychan yn Stryd Charles y ganed Aneurin Bevan – neu Nye, fel roedd pawb yn ei alw.

Cafodd rhieni Nye ddeg o blant, ond bu farw pump ohonynt yn ifanc.

Roedd hynny'n beth eithaf cyffredin ar y pryd, ac roedd bywyd yn galed i lawer, yn enwedig i bobl dlawd.

Bachgen swil oedd Nye, a hynny am ei fod o'n cael trafferth siarad.

Pan fyddai'n ceisio dweud rhywbeth, byddai'r geiriau fel petaen nhw'n baglu dros ei dafod.

Dechreuodd gerdded ar ei ben ei hun yn y bryniau er mwyn dysgu ei hun sut i siarad yn glir.

Roedd Nye yn caru ei dref gymwynasgar, garedig, ond roedd hefyd yn gweld llawer o annhegwch o'i amgylch.

Gwelodd bobl yn gweithio'n galed dan amodau peryglus ac yn cael ychydig iawn o dâl, tra oedd y bobl gyfoethog yn cael bywydau cysurus.

Ond gwelodd hefyd rai oedd yn barod i helpu, fel Cymdeithas Cymorth Meddygol Tredegar.

Roedd nifer o bobl yn talu ychydig o arian bob mis i'r gymdeithas, a byddai'r arian hwnnw'n cael ei ddefnyddio i dalu am driniaeth feddygol i bwy bynnag oedd ei hangen.

Ar ôl gadael yr ysgol, dilynodd Nye ei dad i weithio yn y pwll glo. Roedd yn un deg tri oed.

Doedd y rheolwyr ddim yn hoff o Nye oherwydd roedd yn mynnu hawliau dros bethau fel cael bod yn ddiogel yn y gwaith.

Er mwyn trio newid pethau byddai'n areithio, sef siarad o flaen llawer o bobl.

Daeth yn areithiwr penigamp, er gwaethaf ei broblemau siarad.

Roedd Nye eisiau gwella bywydau pobl gyffredin, ac yn 1929 cafodd ei ddewis fel Aelod Seneddol gan y bobl yr oedd wedi tyfu i fyny yn eu mysg.

Aeth Nye i San Steffan gan greu argraff fawr gyda'i areithiau pwerus.

Erbyn 1945, fo oedd yn rheoli gofal iechyd i bawb yn y Deyrnas Unedig, ac roedd Nye yn benderfynol o wneud newidiadau mawr.

Ar y pryd, roedd yn rhaid talu i weld meddyg neu gael triniaeth os oeddech yn sâl neu wedi cael anaf.

Roedd pobl dlawd yn dioddef yn waeth am nad oedd ganddyn nhw ddigon o arian i dalu.

Cofiodd Nye am Dredegar gyda phawb yn helpu ei gilydd, a hyn oedd ar ei feddwl pan sefydlodd y Gwasanaeth Iechyd Gwladol (yr NHS) drwy'r wlad i gyd.

Roedd y bobl yn rhoi ychydig o'u harian i'r Llywodraeth i dalu am ofal iechyd i bawb.

O'r diwedd, doedd dim angen i unrhyw un boeni am dalu i weld meddyg.

Nid pawb oedd yn hapus â'r drefn newydd yma, ac roedd ambell un yn trin Nye a'i wraig Jennie yn ofnadwy.

Er hyn, daliodd y ddau ati i weithio'n galed i gael mwy o hawliau i bobl dlawd a thegwch i bawb.

Cafodd y Gwasanaeth Iechyd Gwladol effaith enfawr ar y wlad.

Un o'r newidiadau mwyaf amlwg oedd fod llawer llai o blant yn marw oherwydd salwch.

Hyd heddiw, rydym yn cael triniaethau a moddion, a'r cyfan heb orfod talu ceiniog.

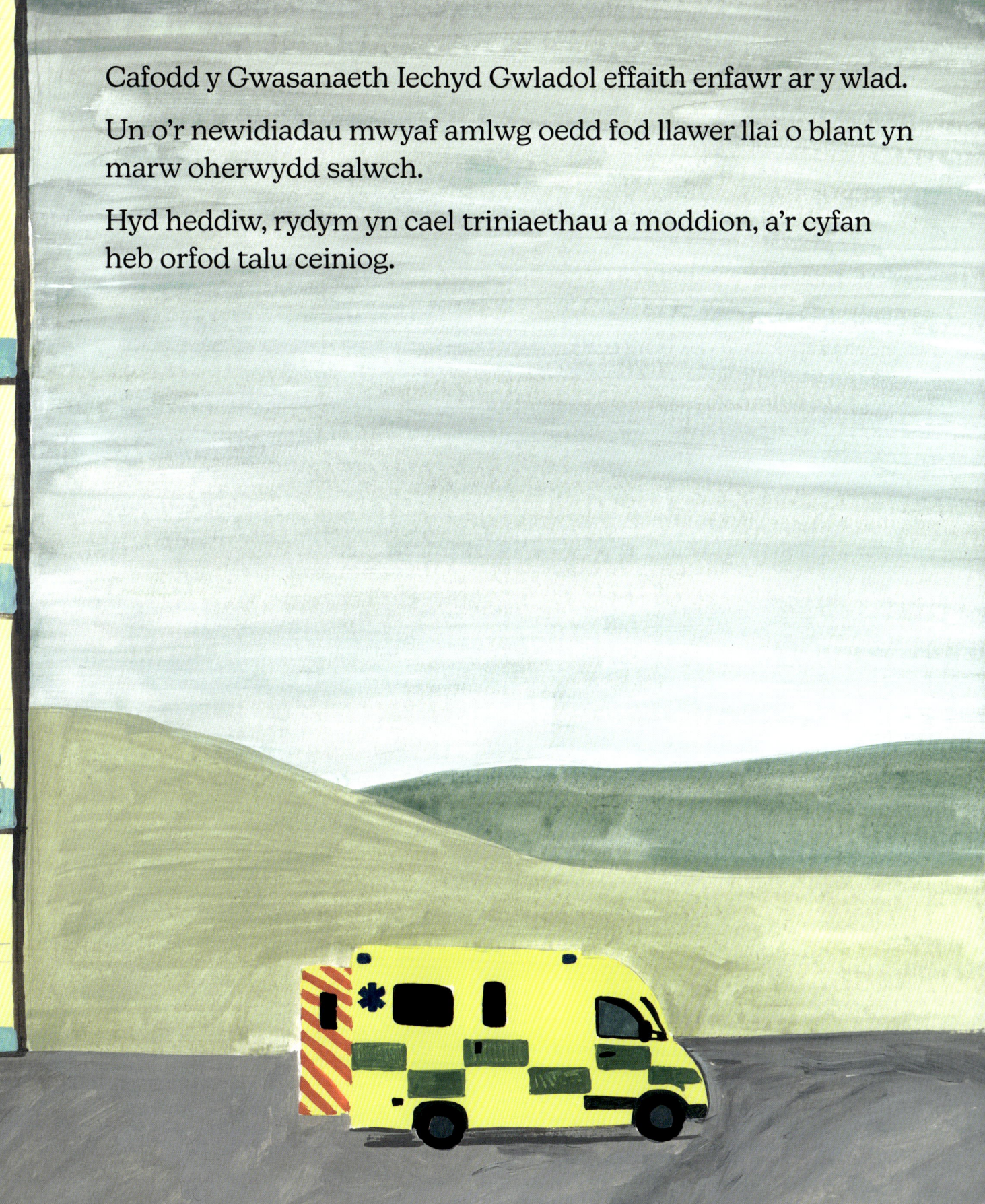

Mae Aneurin Bevan yn un o'r gwleidyddion mwyaf poblogaidd yn hanes Prydain.

Y tro nesaf y byddwch chi'n cael gofal mewn ysbyty neu'n ymweld â meddyg, cofiwch da chi am Nye, y bachgen bach swil o Dredegar a ddaeth yn areithiwr gorau'r wlad.

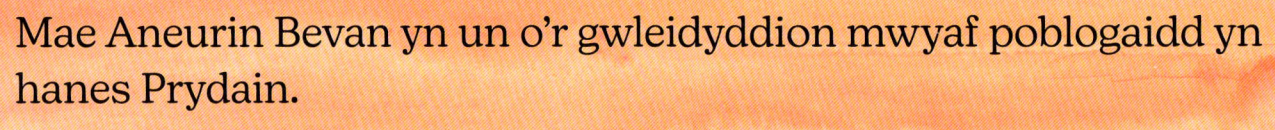

Beth am ddechrau casglu'r gyfres newydd o lyfrau am bobl gwych o Gymru:

Enwogion o Fri

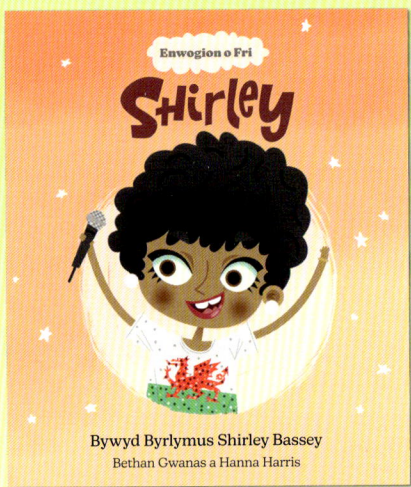

Shirley Bassey
Hanes y ferch o Tiger Bay a ddaeth yn seren bop fyd-enwog.

Cranogwen
Merch wnaeth herio'r drefn, o hwylio llongau i farddoni, mewn oes lle nad oedd cyfleoedd cyfartal i ferched.

Gwen John
Stori'r ferch dawel a ddilynodd ei breuddwyd a dod yn un o artistiaid gorau Cymru.

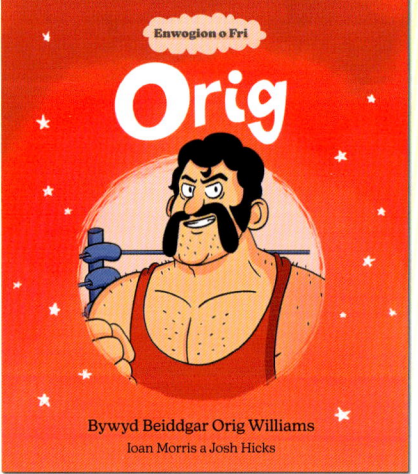

Orig Williams
Y reslwr cryf oedd yn enwog ar draws y byd fel 'El Bandito'.

Eto i ddod yn 2023:

Ann Griffiths
Y bardd dawnus a ysgrifennodd ganeuon wnaeth ysbrydoli'r genedl.

Betty Campbell
Hanes ysbrydoledig prifathro Du cyntaf Cymru, wnaeth frwydro dros ei chymuned.

Laura Ashley
Dylunydd ffasiwn wnaeth sefydlu busnes byd-eang o'i chartref yng nghanolbarth Cymru.

Alfred Russel Wallace
Y gwyddonydd anturus wnaeth deithio'r byd gan wneud darganfyddiadau hynod.

Dysgwch am fywydau cyffrous pobl o Gymru, o artistiaid i wyddonwyr, i bobl wnaeth herio'r drefn a goresgyn pob math o rwystrau i gyflawni eu breuddwydion - pob un yn £5.99.